CONTRACORRIENTE

LILLIAM MORO

CONTRACORRIENTE

Prólogo
CARMEN RUIZ BARRIONUEVO

Diputación de Salamanca
2017

EDICIONES DIPUTACIÓN DE SALAMANCA
SERIE LENGUA Y LITERATURA, N° 43

1.ª edición, 2017
© Diputación de Salamanca y Lilliam Moro
© De la imagen de la cubierta: Miguel Elías "A contracorriente"

e-mail: ediciones@lasalina.es
http://www.lasalina.es

I.S.B.N.: 978-84-7797-545-8
Depósito Legal: S. 358-2017

Diseño y maquetación: www.trafotex.com
Imprime: SGC

IV PREMIO INTERNACIONAL DE POESÍA "PILAR FERNÁNDEZ LABRADOR"

Un jurado, integrado por António Salvado, Pilar Fernández Labrador, Carmen Ruiz Barrionuevo, Jesús Fonseca, Alfredo Pérez Alencart, Carlos Aganzo, José María Muñoz Quirós, Julián Barrera Prieto e Inmaculada Guadalupe Salas, concedió este premio en Salamanca, el 1 de abril de 2017, a la poeta cubana-española Lilliam Moro por su libro "Contracorriente", uno de los veinte trabajos seleccionados como finalistas, de los quinientos veinte presentados. El premio, de carácter anual, lo convoca la Asociación de Mujeres en Igualdad, con la colaboración de la Sociedad de Estudios Literarios y Humanísticos de Salamanca (Selih) y la Diputación Provincial de Salamanca.

PRÓLOGO

TIEMPO Y MEMORIA
EN LA POESÍA DE LILLIAM MORO

La obra poética de Lilliam Moro (La Habana, 1946) está escindida en dos espacios y tiempos vitales, por un lado sus años en Cuba, de la que salió en 1970, y por otro su trayectoria en España durante casi cuarenta años, estancia que prolonga en Estados Unidos donde actualmente reside. La crítica suele considerar como su primer libro *La cara de la guerra* aparecido en Madrid en 1972, y sin embargo sus comienzos poéticos habían tenido lugar en su país natal en la década de los años 60, como lo atestigua también su *Obra poética* casi *completa (1963-2013)* que vio la luz en Miami en 2013. En concreto, son los textos incluidos en esta última compilación bajo los títulos de *Las traspasadas voces* (1963), *Las imágenes rotas* (1963-1964) y *Palabras son palabras* (1964-1965) los que se incorporan por primera vez a su obra alcanzando la dimensión de un rescate pues, como la misma poeta indica fueron "Manos amigas [las que] en Cuba habían guardado muchos de los primeros poemas que ahora puedo incluir en esta recopilación"[1].

Moro los considera parte de su prehistoria poética pero con una significación especial porque formaron parte de "aquel corpus generacional que se llamó Ediciones El Puente" donde realizó sus primeros "tanteos poéticos en busca de una expresión definida" (253). Y en efecto, fue en esa época cuando el poeta

---

[1] Lilliam Moro, *Obra poética* casi *completa (1963-2013)*, Miami, Editorial Silueta, 2013, p. 253. Citamos por esta obra entre paréntesis en el texto.

José Mario, que había puesto en marcha Ediciones El Puente seleccionó algunos de sus poemas para incluirlos en la antología *Segunda novísima de poesía cubana* que debería haber aparecido en 1965, pero que, por intolerancias políticas y culturales del momento, no llegó a ver la luz[2]. Afortunadamente ha sido rescatada por Jesús J. Barquet y publicada en 2011[3]. Fue el espacio de El Puente, un proyecto cultural independiente surgido en esos años en la isla, en el que se concitaron algunos de los nombres que despuntarían pronto en el entorno cubano, como Ana María Simo, Belkis Cuza Malé, Nancy Morejón, Reinaldo García Ramos y Lina de Feria, entre otros. Todos ellos y también la poeta que presentamos, entonces estudiante, sufrieron de una manera u otra vivencias traumáticas que en varios casos acabaron en la exclusión o el exilio. Y respecto a la poeta Lilliam Moro, José Mario, al comentar sus primeras obras destacó la fuerza de su voz y su íntimo desgarramiento siempre en pugna por la comunicación con el lector. Pero El Puente fue clausurado por el control oficial y asimismo fue fallida también la aparición de un libro de Lilliam Moro titulado *El extranjero*, que fue premiado en un concurso estudiantil, con lo que tan solo algunos de sus poemas fueron viendo la luz en revistas de su país, hasta 1972, en que, ya en España, publica su primera compilación, *La cara de la guerra*, integrado por poemas que en su mayoría habían sido compuestos después de su salida de Cuba.

Es este un libro emblemático de estos años en el que, fracturada la producción realizada con anterioridad, la poeta parece reiniciar su andadura con nuevas aportaciones y así en sus versos se acumulan otras vivencias de un entorno extraño que habrá de hacer suyo. No es casual que abra el poemario, a modo de emblema, un poema visual, "Piscis", de cuyas letras, insertas

---

[2] Reinaldo García Ramos en el prólogo a sus *Poemas del 42*, titulado "Poesía entre cielo y destino" repasa esos años que marcaron la trayectoria de ese grupo de poetas cubanos (115-121).

[3] Jesús J. Barquet, *Ediciones El Puente en La Habana de los años 60*, Chihuahua, Ediciones del Azar, 2011.

en cuadrados se originan a su vez otras palabras: Pez, Intuición, Soledad, Cansancio, Infinito, Sueño (167), en cuyos significados condensa las sensaciones contradictorias del desarraigo. De ello da muestra también el primer poema del libro, "Vayamos a la orilla del mar: ven", en el que aúna la memoria del pasado ("el pasado es un eco tumultuoso y sagrado") y el presente histórico, eco todavía de la Revolución del 68, implícito en la frase "hagamos el amor y no la guerra", una consigna antimilitarista que surgió entre los opositores a la Guerra de Vietnam, y que estimula el presente personal marcado por la distancia y los ecos familiares ("las cartas de una chica, / las manos de mamá llenas de arrugas" que llegan de la isla, esa isla que se siente "tatuada sobre el pecho" 171). Si, a la vista de estos poemas, hay que destacar algunas tendencias de su poesía, lo más llamativo es el tono reflexivo en el que se mezcla el presente y el pasado, incorporando en ocasiones toques autorreferenciales, como en "Oír a Bach", "Las falsas imágenes", "Ocurren cosas", sin olvidar los elementos metapoéticos, "Cuando termino de leer un libro", el humor sarcástico en un poema como "Expediente", o también "Allí la cara de la guerra estableciendo la agonía" que ofrece la clave de la intencionalidad del título. A esta temática se une otra de sus constantes, el gusto por los homenajes, "Homenaje a Lezama", "Recordando a Quevedo", "T. S. Eliot", y con más frecuencia los poemas que traen la memoria del pasado cubano, con el dolor no paliado por la distancia: "Acerca de Iván, que renunció a la salida del país", "La abuela", magnífico poema que apareció en *Unión* en 1966, y "Alicia en el país de las maravillas", correlato de las vivencias habaneras.

A ellos se añaden otros varios como "Los muertos hablan de Trinidad", "Recordando a la isla": "Recordar a la Isla es vivir en Europa / es dormir en pensiones alquiladas / es tener mucho miedo / mucha prisa, / mucha distancia encima" (225), en cuyo caso el espacio atraído hacia el presente refuerza la sensación de soledad y abandono. Termina el libro con un poema breve, "Hacer el amor" de carácter metapoético que sitúa a la palabra en un espacio de salvación. En esencia es evidente que la temática de este libro abunda en la revitalización del espacio vivido, de los familiares y amigos abandonados e imposibles de recuperar, por lo que constituye en definitiva una poesía de exilio y memoria, efectos con los que modula su decir marcando un espacio que nace ligado al recuento y la temporalidad.

Poemas del 42, aparecido diecisiete años después, también en Madrid, en 1989, significa un paso en consolidación de su palabra. Carlos Espinosa Domínguez en el prólogo a su *Obra poética* casi *completa* destaca: "El despojamiento a que ha sido sometida la escritura es total. En los textos se han suprimido las citas y las remisiones al mundo exterior, la anécdota, cualquier asomo de complacencia con el lector" (12) y añade que "constituye ya una obra de madurez literaria y biográfica, en la cual resuena la autenticidad por encima del mero afán de novedad" (13). *Poemas del 42*, título elegido, tal vez, porque en esa fecha ha cumplido 42 años, guarda ya una disposición alejada de ese primer libro en el que las percepciones se agolpaban con cierta desprevenida sorpresa. Así en su primera parte "Intentos de sobrevivencia" asoman los aspectos dolorosos del exilio con una mayor eficacia, lejos de la dispersión del precedente. La lucha diaria, el desgaste de la vida, "serás dios, serás fuego, / pero siempre quemándote, quemándote" (128), versos con los que Moro universaliza su decir usando un sujeto poético masculino que refuerza la potencialidad de su verso. Si "Enormes muñecos de paja" representa esos proyectos fantasiosos que tan difíciles son de realizar, "Los forasteros del espíritu" es un duro poema acerca de cuantos oprimen el espíritu: "Te estrenas de soldado, y en tu pica / alzas el corazón del semejante" (131). O se percibe la protesta social de "En Etiopía" y la más cercana como "En un sucio rincón hay un bulto", poema acerca de la pobreza en la gran ciudad, para finalizar con una denuncia espeluznante de lo arbitrario del poder en "Al amanecer lo sacaron al patio". Aunque el libro presenta una segunda parte amorosa, de amor y desamor, expresada en varios poemas como "Creíamos tener todas las respuestas" y "Cuando acaricio tu cabello a tientas", la compilación termina con el contundente "Auto de fe": "Que no vean que te mueres de miedo,/ que no sepan que no tenías para casos así / ningún poema preparado" (152), donde vuelve a asentar el correlato de Cuba y la represión social que concluye con el castigo del olvido.

Como se puede observar, el tema recurrente en su poesía es el tema cubano, tan presente que se hace visible en todo el espacio de su siguiente libro el *Cuaderno de La Habana* de 2005. Es un tributo a su origen y recoge en sus dos partes, la evocación de la ciudad en su presente de belleza y abandono. Un poema como "La Habana" traza el homenaje con justeza, "Te vuelves múltiple y diversa / en las piedras estoicas de las columnas y los muros" para terminar: "Quiero decir amor pero digo La Habana, / su metáfora" (83). En el mismo apartado caben los homenajes a los grandes cubanos como, "José Lezama Lima" o "Ernesto Lecuona", usando en este último caso un acertado ritmo de seguidilla; y a sus lugares emblemáticos, como "El cementerio de Colón" o "Tarde en el malecón". Ello no impide el presente doloroso de "Despedida", la alusión a los desplazados, "El balsero" o "El recién llegado" donde dice: "Yo te estaré esperando / para inventar La Habana que llevamos / como un lío de amor dentro del pecho" (95). Complementaria de esta primera es la segunda parte, pues se trata de un gesto de la memoria a través de las imágenes de un "Álbum de fotos" que abre la relación congelando el tiempo: "La foto es simplemente / la instantánea ideal, / un testimonio de buena voluntad, / una muerte de plástico" ("Una sonrisa, por favor" 99). Es así como emergen de la memoria desde el exilio, los integrantes de la familia, "La tía Eloísa", "La abuela", "con una cena escueta y un padre severísimo" (102), "La madre", poema muy emotivo por el rescate de dichos y costumbres: "porque nunca estuvimos más cerca / que en esa foto"; o "Bárbara, la hermana pequeña" (104). Para desembocar en los poemas finales que potencian lo metapoético hasta el impactante final de "Fe de erratas" donde directamente aborda el dolor sin retoricismos.

A esta coherente trayectoria todavía hay que añadir otra compilación más reciente que se incorpora en su *Obra poética* casi *completa*, y es *Tabla de salvación (2006-2013)*, libro anterior a la que ahora presentamos. Su primera parte se plantea como una "Declaración de intenciones", y en ella los referentes metapoéticos se acumulan en varios poemas, como en "Arte poética", donde persiste la conciencia de una búsqueda, la del verso único inencontrable (23); "Al paciente lector" que marca la intencionalidad del oficio; o el muy contundente "Contra la Historia", que asedia la falsedad de la palabra retórica, grandilocuente y magnífica. Asimismo también continúan los homenajes, entre los cuales podemos destacar el emotivo "El poeta muerto". A todo ello se añade una temática no tratada anteriormente que resulta subsidiaria de sus versos reflexivos, y que recoge con el título de "Ávila en el corazón". De tal modo se acumulan poemas surgidos de este espacio abulense en el que vivió en España, "A propósito de un verso de San Juan de la Cruz", "Recordando a Joseph Conrad", "Las palabras se las lleva el viento", "La tarde y el caos", "Noche en el andén". Cierra el conjunto con un significativo "Epílogo" que incluye dos poemas, "Oración para empezar el día" y "Tu nombre". Ambos manifiestan las claves de vida y obra en una apertura a la confianza y la esperanza.

El poemario que ahora se publica se integra y se explica perfectamente en la misma trayectoria, pues *Contracorriente*, hace referencia a una actitud a la que le ha llevado su vivir marcado por el exilio. Estos versos son poesía y son vida realizada *contra corriente*, contra los que han bloqueado su ligazón vital. Las tres partes en que se divide, bien entrelazadas, hacen alusión a su biografía en tanto origen y a su destino vocacional en la escritura. Por eso el título de la primera parte "Por imperativo categórico", alude al mandato, a la vocación y al destino. Los poemas de esta parte tienen referentes metapoéticos pues aluden al propio oficio, a la provocación que significa la página en blanco, pero también a la dificultad de la palabra, "y las letras crepitan, se hacen humo / que se pierde en el aire / para que no se encuentren las palabras" ("El don de la palabra"). Este diálogo con su propio hacer se manifiesta en poemas como "El monje copista": "Grito pero nada se escucha./ Me voy perfeccionando en el silencio", y se crece con un desdoblamiento temporal, una idea que también incluye "Poema para mí" con el subtítulo "Al volver del otro lado, octubre 2013" en el que se desarrolla la fragilidad de la vida, y en "La más fermosa" donde se incide en la necesidad de buscarse en el interior, detrás del físico ya fracturado por la temporalidad, y "Una vez que te hallas descubierto / abrázate como si fueras la madre de ti misma, / el amante soñado desde la juventud, / el dios que siempre te ve hermosa. // Y rompe los espejos".

Siguiendo esta línea de incremento del tono reflexivo, poemas como "El equilibrista" plantean una concepción del mundo: "Nadie sospecha / que somos los equilibristas / sobre la cuerda finísima del caos / en un circo de espectadores ciegos, /y que a veces estrenamos función / con ausencia de público,/ sin equilibrio incluso, /sin la cuerda". O el poema que finaliza la sección, "La función debe continuar", que instituye la visión del mundo como teatro, pero no es el gran teatro del mundo, sino algo más modesto, porque el público ya pagó la entrada de una película muda que finaliza en el estremecido final: "Cruje la oscuridad / y tienes miedo". También el titulado "El individuo milenario" que se refiere a los salvadores de la patria, a aquellos de los que tanto se burló Virgilio Piñera y que Moro aísla y censura, "el que parece ser mi semejante / y hasta come, sonríe, procrea como yo, / pero retumban sus pisadas dentro de mi pequeño corazón / porque quiere salvarme". Esos salvadores de discurso demagógico y totalitario oprimen hasta producir en el espíritu un estado de sitio que no es ajeno a la situación de su país. Ello se prolonga en "Los náufragos" sobre los balseros que salen de Cuba y atraviesan el mar hasta Florida. Es un poema de sencilla contundencia que se concentra en las sucesivas anáforas que hacen referencia a la tierra prometida, a la muerte de diversas formas, en el agua, quemados o ahogados, las tormentas, los guardacostas… en general todos "Los que tuvieron la suerte de llegar pero sintieron que no valió la pena".

La segunda parte "Homenajes" realiza abiertamente una serie de poemas en los que dominan los referentes cubanos con algunas excepciones significativas: "Aung San Suu Kyi", la política birmana nacida en 1945, resistente a las dictaduras de su país y Premio Nóbel de la Paz; frágil figura que representa la exigencia de libertad. Y "Hermano Rubén", dedicado a Rubén Darío en el que realiza un tributo al poeta que renovó la poesía hispánica, a la vez que evoca el recuerdo del poema dedicado a su compañera Francisca Sánchez. Pero los recuerdos a cubanos son los dominantes en mayor sentido, pues "En memoria de ellos" constituye un homenaje a los poetas insobornables, a los que desprecian las certezas, los aguafiestas, una palabra que usó Heberto Padilla; a los que producen mundos imposibles, a los que huyen de los premios que los compran y se arriesgan a ser olvidados. Varios poemas individualizan las vidas y las obras de autores como "Reinaldo Arenas" con el expresivo epígrafe de su carta de despedida, "Cuba será libre. Yo ya lo soy"; "Gastón Baquero y su rosa de Villalba", un merecido recuerdo de un poeta que vivió también su exilio en Madrid, homenajeándole con unos versos de su famoso poema "Discurso de la rosa en Villalba". El exilio asoma en el desconcierto, en la diferencia de costumbres y en la conciencia de que "todo a partir de ahora será inédito / excepto el pasaporte / y el acento que nunca perderemos". Otros poemas que el lector irá descubriendo homenajean a "Lydia Cabrera y sus piedras mágicas", a Reinaldo García Ramos, compañero de generación en "Amigo", una palabra que conjura el olvido, término que está muy ligado a estos versos. Sin duda la palabra olvido es crucial en esta poesía que nace del margen, del exilio. La patria es algo que significa reconocimiento, intimidad, en cambio el exilio es la diáspora, la dispersión, el olvido.

Justamente este concepto incide claramente en la tercera parte, "Un poco de melancolía", pues aglutina aquí poemas que se relacionan con el exilio, desde "Madrid, 1970", evocación de las sensaciones liberadoras y gratificantes del futuro que se abre, aunque en contraste hoy "hace hoy cuarenta y cinco años y ocho meses /de aquel presentimiento de futuro. / (Lo que vino después es otra historia)"; a los poemas relacionados con la residencia en Ávila, o a la más cercana de Miami, donde el tono reflexivo se desarrolla en algunos ajustes de cuentas que propicia el paso del tiempo como en "Conversando con Carlos". Son en general poemas que presentan el recuento de una vida, la aceptación de la temporalidad y su sorpresa, por eso lugares y nombres se acumulan rescatando momentos y personajes varios, "París o Nueva York", "La noche de la sidra", "Para siempre", "La silla", "Prohibido por ley", todos evocan las pérdidas materiales que han quedado dispersas, ante lo cual lo viable es el camino que lleva al verso, a la palabra, al hallazgo, a lo que no pudo escribir en el pasado. Finaliza el libro con una referencia a su vida actual, "Miami Street", en el que se acumula la sensación de la pérdida de la identidad, de vivir en una "tierra de nadie habitada por todos", por gente de muchos idiomas que busca desesperadamente su legalidad y así cumplir los sueños. La sensación de ciudad sin asidero y sin personalidad, donde todo es barato, todo es sucio, y a la que no tienen más remedio que llegar quienes no pueden volver a su lugar de origen; donde se encuentran "muchas caras pero sin ningún rostro" que bloquean la identidad.

En definitiva, *Contracorriente* de Lilliam Moro es un libro que manifiesta una honda coherencia con su escritura precedente, ya dilatada, y una fidelidad a su poética, a sus reflexiones y a sus ideas.

CARMEN RUIZ BARRIONUEVO
Universidad de Salamanca

Con todo mi agradecimiento dedico este poemario
al Doctor César Mendoza Trauco, cardiólogo,
que como hacedor de Dios me trajo de vuelta
a la vida contra todo pronóstico, dándome la oportunidad
de escribir esta obra titulada, a propósito, Contracorriente

I
POR IMPERATIVO CATEGÓRICO

ERÓTICA DE LA PÁGINA EN BLANCO

Aquí está frente a mí
tratando de excitarme con su olor
cuyo efluvio es la reminiscencia
del origen de todos los placeres,
la fuente de la vida
que quedará impregnada entre mis dedos.
Me lleva a acariciar su superficie
y coloco mi mano sobre su suave piel
y la deslizo como si fuera el cuerpo
ensimismado y tembloroso de una primera vez.
Es el comienzo de la pasión y el éxtasis,
el fuego vuelto tinta con que la voy marcando
para que nadie más escriba sobre lo que yo escribo.
Es la consumación donde parece
que nos volvemos uno,
el espasmo que crea la nueva realidad
con las mismas palabras que, promiscuamente,
otros hablaron, escribieron, musitaron, gritaron
en el inicio de todos los inicios.
Pero virgen será siempre conmigo.

EL DON DE LA PALABRA

Cuando de pronto todo me cae encima
y siento que tengo cosas que decir,
me palpo los bolsillos, el pelo, el corazón
pero no encuentro las palabras.

Como si la memoria
fuera el papel ardiendo de un periódico
y se van consumiendo entre las llamas
lo dicho y por decir,
lo recordado y lo olvidado,
y las letras crepitan, se hacen humo
que se pierde en el aire
para que no se encuentren las palabras.

Ahí, frente al espejo,
ya no veo mi rostro
sino la ausencia de palabras.

Las sabias, las justas, las precisas,
las que heredamos pero no elegimos,
esas que se quedaron sin sonido
como un nudo de miedo en la garganta
para que no las halle en ningún sitio
que esté fuera de mí.

Pero las otras,
las infames, las zafias, las inútiles,
aquellas que articula lo que no se comprende,
el falso resplandor de las tinieblas,
la primera y la última palabra:
las del amor y el caos
no una de las dos
sino las dos, inevitablemente juntas
siempre conmigo.

EL MONJE COPISTA

Tengo el vicio secreto de conversarme adentro
con un lenguaje exento de figuras retóricas.
No importa en qué momento, sola o acompañada,
con tanta perfección que nadie se da cuenta
pues me hablo con naturalidad
pero sin emitir aquello que me sé.
Incluso a veces escribo con el dedo
cualquier palabra clave sobre una piel desnuda
en medio de la noche entre frases de amor.
Es que me dan alergia
los sensatos de buena voluntad,
los prácticos consejos que siempre llegan tarde,
el aprecio y la mirada comprensiva
del que pretende que me le parezca.
Estoy acostumbrada a disfrutar
del vértigo de andar sobre la cuerda floja
pero sin patetismo ni ridículas frases
o cursis conclusiones. Prefiero
vomitar mis resacas sin palabras, sin ruido.
Escribo frases invisibles que solo yo puedo leer.
Grito, pero nada se escucha.
Me voy perfeccionando en el silencio.

POEMA PARA MÍ
(Al volver del otro lado, octubre 2013)

> *… me invadió la sensación […]*
> *de que el destino con frecuencia*
> *termina antes de la muerte.*
> (MILAN KUNDERA, *La broma*)

¿Dónde estará quien yo era entonces?
¿Quién llevaba mi nombre y apellidos?
¿Cuál el original y cuál la copia?

Sólo sé que esa otra, mi mejor enemiga,
era un deber diario,
un miedo perseguido por el miedo,
un pasado·más largo que la vida,
la puerta siempre abierta,
una calle de Ávila en invierno,
y tanto inútil desperdicio;
era una balsa con todos los adioses;
el esfuerzo de Sísifo, la roca, la condena.

Yo soy la nueva que apareció en escena.

Donde quiera que la otra,
la primigenia, esté,
le doy mi mano, mi agradecimiento
y algún que otro reproche
porque se le olvidó llevarse
mi alma quebradiza,
mi buena voluntad a toda costa,
los besos, las miradas, las certezas.

Algún día nos volveremos a encontrar.

EL INDIVIDUO MILENARIO

Cuando creíamos que el horror había pasado de moda
y el hombre temeroso ya no agachaba la cabeza
para pasar inadvertido,
el individuo milenario se escapaba de nuevo
de las páginas de los libros de Historia.

Los mapas están llenos de puntos diminutos:
son temblores humanos bajo el cielo piadoso,
el miedo revestido de piel, de andrajos, de corbatas
del que camina de puntillas para no ser notado,
para que el ruido de su respiración
no despierte al que tiene la razón, el puñal,
el discurso que hace añicos mi vida,
el que parece ser mi semejante
y hasta come, sonríe, procrea como yo,
pero retumban sus pisadas dentro de mi pequeño corazón
porque quiere salvarme,
el que me insulta porque quiere salvarme,
el que me descuartiza porque quiere salvarme
una vez y otra vez durante tantos siglos
empeñado en salvarme.

Siempre he tenido que vivir en estado de sitio.

¿Cómo hacerle entender que a mí solo me salvan
un par de certidumbres o ninguna,
los errores que me son tan queridos,
y hasta este fuego inútil
que como un dios me limpia el alma?

LOS NÁUFRAGOS

Tema la muerte por agua
(T. S. ELIOT, La tierra baldía)

Todos aquellos que nadaron
y no llegaron a ninguna parte
porque los devolvieron enseguida.

Todos los que arribaron a las playas
de la tierra prometida pero inertes,
boca abajo, con arena en la boca.

Todos los que fueron desmembrados
por los sagaces tiburones;
a los que se les reventó la piel
bajo el sol implacable de los trópicos;
los que bebieron el agua salada y el orine
para intentar vivir un poco más.

Los que rezaron a Dios,
que imploraron piedad a la tormenta,
a los gendarmes guardacostas,
al Misterio que tiraba de ellos hacia el fondo.

Los que dejaron una familia esperanzada
diciendo adiós desde la costa.
Los desesperados, los aventureros,
los buenos, los malos, los casi malos, los medio buenos.

Los que tuvieron la suerte de llegar
pero sintieron que no valió la pena.

A alguien le tendrán que pedir explicaciones.

LA MÁS FERMOSA

Ese rostro que ves en el espejo
no es el tuyo.
Mírate bien:
búscate más allá del perfume barato
de la cara pintada,
del afán de agradar;
encuéntrate detrás de las ojeras,
del ojo hinchado,
de la mirada opaca
envejecida antes de tiempo,
de las palabras que arrancaron a tiras
la piel del corazón.
Una vez que te hayas descubierto
abrázate como si fueras la madre de ti misma,
el amante soñado desde la juventud,
el dios que siempre te ve hermosa.
Y rompe los espejos.

EL EQUILIBRISTA

Para Lourdes Cañas

En un principio solo estaba
la fina cuerda y el vacío.

El salto por encima del miedo
sin la red protectora:
la plenitud de lograr
el más difícil todavía.

Pero aunque nos caemos muchas veces
nunca tocamos fondo
porque la profundidad no tiene un límite.

No todas las caídas son estrepitosas:
también hay pequeños resbalones
de los que nadie se da cuenta.

Nadie sospecha
que somos los equilibristas
sobre la cuerda finísima del caos
en un circo de espectadores ciegos,
y que a veces estrenamos función
con ausencia de público,
sin equilibrio incluso,
sin la cuerda.

LA FUNCIÓN DEBE CONTINUAR

De repente se te acabó el guion de la película
pero la proyección debe seguir,
la negra y gran pantalla lo reclama,
su silencio lo exige,
las luces no se encienden
y el público ya ha pagado su entrada.

¿Cómo explicar que a veces
las películas mudas resultan elocuentes,
y que la imagen que quedó congelada
aún hace palpitar el celuloide?

El aforo está lleno de impacientes
que dan patadas en el suelo;
no entienden las explicaciones,
les entusiasma el movimiento,
la acción, las bofetadas…

Cruje la oscuridad
y tienes miedo.

II
HOMENAJES

AUNG SAN SUU KYI

Tu discreta sonrisa
es una invitación a la bondad;
tu nombre, que no sé pronunciar,
es el camino de los ocho senderos,
el sendero es la octava mayor
de tu deber como destino,
como ausencia de todo
para obtenerlo todo.

En el mínimo espacio que ocupa
tu figura al parecer tan frágil
cabe el significado de la libertad;
la libertad es la abundancia
de amor en tu pequeño corazón,
tu corazón es la vibración de la Luz.

Te agradezco que siendo tú únicamente
me hayas dado a conocer el universo.

EN MEMORIA DE ELLOS

Los poetas poetas
mueren en vida o se suicidan
o se entregan al virus de las tres iniciales
o abren las puertas al cangrejo que camina de lado
y los devora internamente como si fuera un gran amor.
Los poetas poetas,
los que desprecian las certezas,
los aguafiestas, los que visten tan mal,
son los que eligen arder como en la alquimia
para crear los mundos imposibles
que sustituyan la sonrisa forzada,
la mediocre metáfora,
el premiecito que los compra,
la otra mejilla puesta para la bofetada
del que administra las medallas y el hambre.
Los poetas poetas se arriesgan al olvido,
la peor de las muertes.

REINALDO ARENAS

Cuba será libre. Yo ya lo soy.
(Carta de despedida
de REINALDO ARENAS)

Serán ceniza, mas tendrá sentido;
polvo serán, mas polvo enamorado.
(FRANCISCO DE QUEVEDO)

Siempre me sorprendió tu exuberancia,
la virtud de escribir intensamente;
fuiste un impulso, una obsesión,
una sobrevivencia a toda costa.

Fue tu mirada absorta y sorprendida
la de un niño entre la oscuridad
en busca de una mano que no existe:
perdiste el mapa y no encontraste la salida.

En la huida perenne,
abrasado en el fuego de tu propia extinción,
te fuiste y no te fuiste
de eso que llaman patria:
la empecinada persistencia de una forma de ser,
de una costumbre, de una melancolía.

Ahora flotarás liberado del afán y del cuerpo;
no sé si el paradigma del ardor que tú eras
se convirtió también en la ceniza.

Muerto estarás, pero no libre:
la libertad es otra cosa.

GASTÓN BAQUERO Y SU ROSA DE VILLALBA

> *Yo vi una rosa en Villalba:*
> *era tan bella, que parecía la ofrenda hecha a las rosas*
> *para festejar la presencia de las rosas en la tierra.*
> *(GASTÓN BAQUERO, "Discurso de la rosa en Villalba")*

En Madrid siempre hay una llovizna fina
para calar el alma del que llega
a esta tierra que no es de promisión
sino un túnel al fondo de uno mismo.
Está prohibido pensar en el pasado,
en los momentos que creíamos buenos
con aroma a café y a una cocina íntima
que iluminan los ojos de la madre.
Pasado el desconcierto inicial, el titubeo,
el adaptarse a los olores nuevos,
al silbato del Metro,
tenemos que inventarnos:
todo a partir de ahora será inédito
excepto el pasaporte
y el acento que nunca perderemos.

Cuánta tranquilidad nos da el anonimato
y el simple regocijo de nombrar
la rosa de Villalba.

LYDIA CABRERA Y SUS PIEDRAS MÁGICAS

Ella pintaba piedras con un pincel de espumas
que iba mojando con cierta dejadez
en los colores del arcoíris que goteaba
prismas perfectos heridos por la luz;
trazaba ojos, bocas, sonrisas o un rictus de pesar
y hasta la levedad de un mal augurio
hecho mirada.

Iba naciendo dioses en las piedras inermes,
les puso nombres:
en un principio fue el Verbo y el color.

AMIGO

Para Reinaldo García Ramos

Cuando se dice la palabra
amigo
las letras se entrelazan
y van formando un círculo de luz
que guarda con esmero la historia personal
de cada uno,
los momentos detenidos al borde del olvido,
el olor a un pan crujiente recién hecho
que compartido nuevamente
será la comunión de lealtades,
alguna melodía enroscada al oído
para ser tarareada como entonces
frente al mar de una ciudad que se derrumba.
Siempre que pronunciamos esa corta palabra
se abren de par en par las puertas
y salen las bienaventuranzas,
las sonrisas que se creían perdidas,
la mano imprescindible
que estrechamos como un ritual de iniciación
en estos tiempos tumultuosos
para que nos proteja del olvido.

HERMANO RUBÉN

Francisca Sánchez, acompáñame...
(RUBÉN DARÍO)

Gracias, poeta nuestro, por darnos tus princesas,
por la flor que se sigue desmayando en un vaso,
el exótico quiosco de rica malaquita,
y con tu misma angustia porque aún es incierto
adónde nos iremos o de dónde venimos.
Hoy seguimos sintiendo el dolor de estar vivos
mientras en la memoria el sonido del clave
nos dice que encendamos entre tanta penumbra
la luz que resplandece en tus altivos versos
porque siguen vigentes los motivos del lobo.
Somos un hemistiquio que se quedó flotando
sin su par heptasílabo de rima consonante;
ayúdanos poeta, el camino nos pierde
sin poder suplicar a nadie lo que un día
dijiste, ese *Francisca Sánchez, acompáñame...*

III
UN POCO DE MELANCOLÍA

MADRID, 1970

… siempre he confiado
en la bondad de los desconocidos.
(TENNESSE WILLIAMS,
Un tranvía llamado "Deseo")

Al día siguiente de llegar
a la ciudad de los desconocidos
entré en un bar
y mientras disfrutaba un café diferente
vi mi rostro y los de los demás
en el espejo de la barra:
muchas miradas me rodeaban,
eran como sonrisas,
amables gestos de bienvenida prolongados.

Cuando aquella primavera anduve la ciudad
y caminé por sus calles ordenadas y limpias
mientras un aire ligeramente frío
susurraba en mi rostro,
de pronto presentí lo que llamaban el futuro.

Me dio gusto cruzarme con personas sin nombre,
saber que únicamente mi propia sombra me seguía;
cuántos vocablos nuevos que aprender
dentro del mismo idioma compartido,
otras costumbres que adquirir
y unos labios distintos para distintos besos.

Todo estaba al alcance de mis manos,
al menos eso parecía
hace hoy cuarenta y cinco años y ocho meses
de aquel presentimiento de futuro.
(Lo que vino después es otra historia).

LA DEUDA SIN COBRAR

Para Julia Peña

Era el primer encuentro aquella tarde
en que de puertas para afuera estaba el mundo,
el cielo gris, el viento gélido de Ávila.
De puertas para adentro
una discreta y tímida esperanza
de cobrar lo que la vida me debía.

Te incorporé
los nombres familiares,
mis libros, los afanes perdidos
y fui secándome el sudor
de los amores más recientes.

Aquello fue una competencia de desastres
entre los tuyos y los míos,
así que lo más práctico y sensato
fue hacer borrón y cuenta nueva.

Años después, de puertas para afuera,
un eterno verano y esta ciudad anodina.
De puertas para adentro
sigue aumentando aquella deuda
que ya no tendré tiempo de cobrar.

LA CASA VACÍA

La casa se fue poblando de silencios:
se negaba a aceptar
las voces que quedaron,
los pasos retumbando en el pasillo,
el olor de las nuevas comidas.

En la casa quedó el espacio vacío
que yo había ocupado ubicuamente;
el cristal de las ventanas retuvo mi mirada
detenida en la nieve,
en los desnudos árboles,
en la vieja fachada de la casa de enfrente.

Cambiaron los muebles de lugar
y acomodaron otros libros entre los libros míos,
pero los personajes, los títulos,
las cubiertas coloridas y orladas,
las historias, los versos
se mantuvieron aguardándome.

Demoré mi regreso.

Hoy todo se amontona en cajas desoladas
en un lugar del mundo.
La casa, finalmente, se ha rendido
ante los nuevos habitantes.

CONVERSANDO CON CARLOS

Para Carlos Cobiella

El tiempo se nos ha ido echando encima
y ya no hay nada que perder ni qué ganar.
Como vivíamos creyéndonos eternos
el presente se hizo aire entre las manos
mientras morían los amigos, los parientes,
nuestros gatos
y nuestras más solemnes convicciones.
Siento, seguramente como tú,
que no fui yo el personaje que vivió
ciertos amores tormentosos,
la patética persona
que desgastó tantos zapatos
en carreras hacia ninguna parte
prodigando tantos "para siempre",
que se comió los días, los meses y los años
con la avidez del hambre de un mendigo
con el alma tiritando de frío.

A ti y a mí
nos une la complicidad de las causas inútiles
y las palabras que no fueron pronunciadas a tiempo.

Confiamos demasiado en el milagro
de que algo ocurriría por fin para salvarnos
ya de una vez por todas,
algo tan absoluto como un relámpago de Dios,
una mentira piadosa que fuera el paradigma
de todas las verdades.

Y quizás ocurrió y no nos dimos cuenta.
Hoy por hoy
ya no nos queda mucho tiempo
para cambiar el mundo
y mucho menos a nosotros.

A UNA DESCONOCIDA

No me atreví a imaginarte
por no estropear algún encuentro;
no puedo decir que te buscara,
pero no obstante creía verte
en cualquier rostro y en ninguno.
Evanescente, terca, amable, silenciosa,
cuántas se parecían a ti,
y todas eran tú y ninguna lo era.

Tenía miedo a equivocarme
y a acertar.

Entretanto
cuántas frases de amor desperdiciadas,
cuánto fervor hasta el agotamiento,
y después un final como si nada.

Tócala de nuevo, Sam.

PARÍS O NUEVA YORK

Para Ana M. Simo

Qué jóvenes éramos entonces,
teníamos la edad en que todo es posible:
tú descubriste un mundo diferente
y yo a ti.

Creíamos en algo
y cada una en la otra.
No he olvidado el tono de tu voz,
tampoco cuánto te admiraba.

El miedo se hizo cargo de nosotras.

Pero si hoy nos cruzáramos en la calle
de una ciudad del mundo
y nos reconociéramos a pesar de los años,
mejor pasar de largo y qué más da.

LA NOCHE DE LA SIDRA

Después de todo
tanto vivir y no querer darle la vuelta
a nuestro espejo personal
porque posiblemente detrás no haya gran cosa;
al final qué nos queda
sino esta impedimenta de esperanzas
que cada día pesa más.

Y qué no diera yo porque este fin de año
al descorchar la sidra
saliera burbujeante el líquido festivo
salpicándome encima
como buenos propósitos
como el año pasado y el otro
y el más allá del otro
y los que continúan hacia atrás.

PARA SIEMPRE

Para Julia Peña

Ella una vez me dijo "para siempre"
y yo también le dije "para siempre".
Pero ahora que ya han pasado los fervores
me gustaría saber
en qué parte del tiempo o del espacio
está la eternidad,
dónde lo que nos parecía tan solemne,
la voluntad de perpetuar lo bello,
la magia, lo sagrado,
la unicidad de dos,
dónde se hizo virtual, inaccesible.

El tiempo no es espacio,
no ocupa ningún sitio
excepto en la memoria.

Y la memoria es el lugar del caos.

LA SILLA

Para la tía Isabel,
In Memoriam

Me he sentado a muchas mesas
en casas diferentes,
ante platos distintos
y una silla sin nadie.

Silla que fue ocupada por la madre,
la amante, la tía, y es que siempre
la inolvidable ausencia en la familia
llevaba nombre de mujer.

En las celebraciones nadie hace comentarios
ni mira de reojo el asiento vacío:
allí queda la impronta de una imagen
habitada por una biografía irrepetible.

Nada hay más desvalido que una silla vacía.

PROHIBIDO POR LEY

Se me han perdido los abrazos
y partes de mi cuerpo
se han quedado dispersas por ahí
incrustadas en otras vestimentas.

Ahora busco un camino
que me conduzca al verso que no llegué a escribir,
al silencio sagrado que llené de palabras,
a un sitio bajo el cielo donde pueda encontrar
esos abrazos que perdí
y donde la perversa esperanza esté prohibida
por ley y para siempre.

EL SACO

He vivido del odio de los otros.
Nadie me preguntó lo que pensaba.
Todo me lo entregaron completamente hecho:
lo tomas o lo dejas.
Yo por entonces era un saco lleno de buena voluntad
pero aun así no pude, no puedo, no podré, nunca podría.
Me quedé solamente con algunas palabras
que a veces se resisten
y el saco sucio y harapiento
que aprieto entre mis brazos
mientras me lamo las heridas.

MIAMI STREET

Yo vivo en una calle
que pertenece a un barrio
que quiere ser ciudad
que quiere ser país
pero es tierra de nadie habitada por todos
que corren tras papeles
que los conviertan en personas;
aquí la ingenuidad se vende al por mayor
sueños donde escoger
todo barato;
hay mucha suciedad y latas de cerveza
y montones de idiomas que son sólo un idioma,
pueblo con muchas caras pero sin ningún rostro
agitando en el aire, entusiasmado,
distintas banderitas de papel.

ADENDA

'En memoria de ellos', traducciones

لذكراهم

الشعراء شعراء
يموتون في الحياة او ينتحرون
أو يتطوعون لفيروس البدايات الثلاثاء
أو يفتحون الطريق للسلطعون الذي يمشي على جنبه
ومن ثم يلتهمهم كلياً كما لو ان الأمر يتعلق بحب عظيم.
الشعراء شعراء
أولئك الذين يحتقرون الصواب
الخارجون عن المألوف، الذين يرتدون الأسمال،
أولئك الذين يختارون الاحتراق كما في الخيمياء
ليخلقوا عوالم مستحيلة
تنوب عن الابتسامة المفتعلة،
والاستعارة الرديئة
والجائزة التي تشتريهم،
الخد الآخر المعروض للطم
والذي يضم الميداليات والجوع.
الشعراء شعراء يتعرضون لخطر النسيان
الأسوأ من الموت.

Traducción al árabe: Abdul Hadi Sadoun

IN ERINNERUNG AN SIE

Die wahren Dichter
sterben zu Lebzeiten oder wählen den Freitod
oder geben sich dem Virus der drei Initialen hin
oder öffnen die Türen dem Krebs, der seitwärts läuft
und sie innerlich verschlingt, als ob es sich um eine große
    Liebe handelte.
Die wahren Dichter,
die die Gewissheiten verachten,
die Spielverderber, die sich schlecht kleiden,
sind die, die das Brennen suchen wie in der Alchimie
um jene unmöglichen Welten zu schaffen,
die ersetzen mögen das erzwungene Lächeln,
die mittelmäßige Metapher,
den kleinen Trostpreis, mit dem sie gekauft werden,
die andere Wange bereit für die Ohrfeige
von dem, der die Medaillen und den Hunger verwaltet.
Die wahren Dichter riskieren, in Vergessenheit zu geraten,
den schlimmsten aller Tode.

Traducción al alemán: Nely Iglesias & Beate Igler

ΣΤΗ ΜΝΗΜΗ ΤΟΥΣ

Οι ποιητές ποιητές
πεθαίνουν εν ζωή ή αυτοκτονούν
ή παραδίδονται στον ιό των τριών αρχικών
ή ανοίγουν πόρτες στον κάβουρα που περπατά στο πλάι τους
και τους καταβροχθίζει εσωτερικά σαν να ΄ταν ένας μεγάλος
έρωτας.
Οι ποιητές ποιητές,
αυτοί που περιφρονούν τη σιγουριά,
που περιφρονούν τα γλέντια και κακοντύνονται,
είναι αυτοί που επιλέγουν να φλέγονται όπως στην αλχημεία
για να δημιουργήσουν κόσμους αδύνατους
που αντικαθιστούν το βεβιασμένο χαμόγελο,
τη μέτρια μεταφορά του λόγου,
το βραβείο που τους εξαγοράζει,
και το μάγουλο προτεταμένο για χαστούκι
σ'αυτόν που καθορίζει τα μετάλλια και την πείνα.
Οι ποιητές ποιητές διακινδυνεύουν να πέσουνε σε λήθη,
το χειρότερο θάνατο.

Traducción al griego: María Koutentaki

AZ Ő EMLÉKÜKRE

Az igazi költők
még életükben meghalnak, vagy öngyilkosok lesznek,
vagy megadják magukat a hárombetűs vírusnak,
vagy kitárják az ajtót a lopakodó veszedelemnek,
amely belülről falja fel őket, mintha egy nagy szerelem volna.
Az igazi költők,
akik megvetik a bizonyosságokat,
az ünneprontók, akik csapnivalóan öltözködnek,
ők inkább elégnek, mint az aranycsinálók üstjében,
hogy lehetetlen világokat teremtsenek
az erőltetett mosoly helyett,
a közepes metafora,
a nyomorult kis díj helyett, ami felvásárolja őket;
akik odanyújtják a másik arcukat annak,
aki a díjakat meg az éhezést osztja.
Az igazi költők nem félnek a feledéstől sem,
Ami a legrosszabb halál.

Traducción al húngaro: Mercedes Kutasy

Í MINNINGU ÞEIRRA

Ó þið skáld skáldanna
sem deyið ung eða takið eigið líf
gefist upp fyrir þriggja stafa veirunni
opnið dyrnar svo krabbinn nær að skáskjóta sér inn
að eyða ykkur innan frá eins og stóra ástin.
Ó þið skáld skáldanna,
sem fyrirlítið fullvissu,
þið töturklæddu spellvirkjar,
sem kjósið blossa gullgerðarinnar
til að skapa draumaheima
í stað uppgerðar,
ófullburða myndlíkinga,
verðlauna sem öllu stjórna,
hins vangans sem boðinn er
þeim sem ræður viðurkenningum og hungri.
Ó skáld skáldanna, þið sem hættið á gleymsku,
hinn versta dauða.

Traducción al islandés: Hólmfríður Garðarsdóttir
(con la colaboración de Linda Vilhjálmsdóttir)

NENDE MÄLESTUSEKS

Tõelised luuletajad
surevad elus või tapavad end
või anduvad kolme initsiaali viirusele
või avavad uksed külitsi kõndivale krabile,
kes õgib neid seesmiselt nagu suur armastus.
Tõelised luuletajad,
need kindlustunde põlgajad,
need kehvalt riides tujurikkujad,
just nemad otsustavad põleda nagu alkeemias,
et luua võimatuid maailmu,
mis asendaks sunnitud naeratuse,
keskpärase metafoori,
neid ära ostva preemianatukese,
ette pööratud teise põse, kuhu lajatab
kõrvakiil medalite ja nälja haldajalt.
Tõelised luuletajad riskivad unustusega,
kõige hullema surmaga.

Traducción al estonio: Helina Aulis

ÎN MEMORIA LOR

Poeții poeți
mor din viață sau se sinucid
ori se predau virusului celor trei inițiale
ori deschid porțile cancerului ce merge alături
și îi devorează pe dinlăuntru ca și cum ar fi o mare dragoste.
Poeții poeți,
cei care disprețuiesc certitudinile,
cei care perturbă diversiunile, cei care se îmbracă atât de rău,
sunt cei care preferă să ardă ca în alchimie
pentru a crea lumile imposibile
care substituie surâsul forțat,
mediocra metaforă,
vreun premiu pe care îl cumpără,
celălalt obraz pus pentru palma
celui care administrează medaliile și foamea.
Poeții poeți se pun în pericolul uitării,
cea mai rea dintre morți.

Traducción al rumano: Carmen Bulzan

তাদের স্মরণে

কবিদের
মৃত্যু আসে বা আত্মহনন
অথবা তাদের দেওয়া হয় তিন আদ্যক্ষরের ভাইরাস
অথবা তারা দরজা খুলে দেন কাঁকড়াদের যারা হাঁটে পাশেপাশেই
আর নিবিষ্ট হয় তাদের গভীরে এমন যেন এ এক মহান প্রেম।
কবি
যারা প্রত্যাখ্যান করেন নিশ্চয়তা,
বিদ্রোহী, যাদের পরিধান দারিদ্রের পোশাক,
তারা চান রসায়নাগারে দগ্ধ হতে
অসম্ভব জগৎ সৃষ্টি করার জন্য
তারা বদলে দেন কৃত্রিম প্রসন্নতা,
সামান্য রূপক,
অমাত্য কিনে নেন তাদের,
অন্য এক নারী প্রস্তুত মার খাওয়ার জন্য
যাতে আসবে পদক, নিভে যাবে জঠরজ্বালা।
কবিদের ভয় বিস্মৃতির অতলে তলিয়ে যাওয়ার,
মৃত্যুর চেয়েও ভয়াবহ।

Traducción al bengalí: Mainak Adak

U ZNAK SJEĆANJA NA NJIH

Pjesnici pjesnici
umiru ili se ubijaju,
predaju se virusu s četiri slova
ili, kao da se radi o velikoj ljubavi,
otvore vrata raku koji korača uz njih
i proždire ih.
Pjesnici pjesnici,
oni koji preziru izvjesnosti,
oni koji prekidaju zabave,
jako se loše odijevaju i,
kao da se radi o alkemiji,
odabiru gorjeti
kako bi stvorili nemoguće svjetove;
zamjenjuju usiljeni osmijeh,
osrednju metaforu,
malu nagradu kojom ih se kupuje,
drugi obraz ponuđen za šamar
onoga tko dodjeljuje medalje i glad.
Pjesnici pjesnici riskiraju zaborav,
i najgoru moguću smrt.

Traducción al croata: Zeljka Lovrencic

PAYKUNAQ YUYAYNINPI

Harawikuqkuna harawikuqkuna
kausayninkupi wañusqa utaq sipikunku
utaq wikch'ukunku kinsa seq'ekuna miyukunaman
utaq kiyranpamanta puriq siraraman punkuta kichanku
Hinasqa ukhullankuta rakran hikin aswan hatun waylluy hina.
Harawikuqkua harawikuqkuna
sut'inta yachaq alqochaqkuna,
raymikuna qolluchiq, mana allin p'achakuqkuna
laqaypi hina aswan yauray ajllaqkuna
mana kaq pachakunata kamariymaq
sasa asiykuna rankinpi kaykunata,
ranphu tuyru,
saminch'aycha rantiqkuna,
hokaq k'aqlla ch'aqlaypaq churaq.
llapan tuyrukuna hinaspa yarqaq allin rikuq.
Harawikuqkuna harawikuqkuna ch'ikiman churakunku
Aswan millay wañuykunaman.

Traducción al quechua: Noemí Vizcardo Rozas

IN LORO MEMORIA

I poeti poeti
muoiono in vita o si suicidano
o si affidano al virus delle tre iniziali
o aprono le porte al granchio che cammina di lato
e li divora come se fosse un gran amore.
I poeti poeti,
quelli che disprezzano le certezze,
i guastafeste, quelli che vestono così male,
sono quelli che scelgono di bruciare come nell' alchimia
per creare i loro mondi impossibili
che sostituiscano il sorriso forzato,
la mediocre metafora,
il piccolo premio che li compra,
l' altra guancia posta per lo schiaffo
di colui che amministra le medaglie e la fame.
I poeti poeti rischiano la dimenticanza,
la peggiore delle morti.

Traducción al italiano: Stefania Di Leo

ПОЕТИТЕ – ПОЕТИ

умират сред живота
или се самоубиват,
или се оставят на вируса с три начални букви,
или отварят вратите на рака,
който пълзи до тях,
и ги поглъща завинаги,
сякаш са някаква голяма любов.
Поетите – поети,
тези, които презират сигурността,
разсипниците на веселби,
тези,
които се обличат така зле,
са същите онези, които избират да горят
като в алхимията,
за да създадат непосилни светове,
в които да заменят насилствената усмивка,
посредствената метафора,
подаръчето, което ги купува,
другата буза,
приготвена за следващия шамар,
на този, който разпорежда медалите
и глада.
Поетите – поети
се оставят на забравата –
най-лошата от всички смърти.

Traducción al búlgaro: Violeta Boncheva

EM MEMÓRIA DELES

Os poetas poetas
morrem em vida ou suicidam-se
ou entregam-se ao vírus das três iniciais
ou abrem as portas ao caranguejo que caminha de lado
e os devora interiormente como se fosse um grande amor.
Os poetas poetas,
os que desprezam as certezas,
os desmancha-prazeres, os que vestem tão mal,
são os que escolhem arder como na alquimia
para criar os mundos impossíveis
que subsituam o sorriso forçado,
a medíocre metáfora,
o prémiozito que os compra,
a outra face oferecida à bofetada
do que administra as medalhas e a fome.
Os poetas poetas arriscam-se ao esquecimento,
a pior das mortes.

Traducción al portugués: Victor Oliveira Mateus

IN MEMORY OF THEM

Real poets
die in life or commit suicide
or surrender themselves to the virus of the three initials
or open the doors to the crab that walks sideways
and devours them from within like a great love.
Real poets,
those who despise certitudes,
the spoil-sports, those who dress so badly,
those are the ones who choose to burn as in alchemy
to create the impossible worlds
which replace the forced smile,
the mediocre metaphor,
the little prize with which they are bought,
the other cheek turned to be slapped
by those who administer medals and hunger.
Real poets risk the worst of deaths,
Oblivion.

Traducción al inglés: Stuart Park

UNTUK MENGENANG MEREKA

Para penyair sejati
mati sekalipun hidup atau bunuh diri
atau menyerah kalah kepada virus triinisial
atau membuka pintu bagi ketam yang mengiring
dan menggerogoti bagai sebuah cinta agung.
Para penyair sejati,
mereka yang tak mengacuhkan kepastian,
para perusuh, mereka yang berpakaian begitu jelek,
merekalah yang memilih terbakar seperti dalam alkimia
untuk menciptakan dunia-dunia mustahil
yang menggantikan senyum terpaksa,
metafora yang biasa itu,
hadiah kecil yang dengannya mereka dibeli,
pipi lain yang tersodor untuk ditampar
oleh dia yang mengurus medali dan rasa lapar.
Para penyair sejati mengambil risiko kelupaan,
hal terburuk dari segala kematian.

Traducción al indonesio: Yohanes Manhitu

BIOGRAFÍA

Lilliam Moro (La Habana, 1946), salió de Cuba en 1970, vivió en España más de cuarenta años, y desde 2010 reside en Miami (EE.UU.). Estudió Magisterio (Instituto Pedagógico Makarenko) y Letras y Artes (Universidad de La Habana). En España se dedicó a la edición y las artes gráficas y realizó ediciones críticas-didácticas de clásicos de la literatura como *Novelas ejemplares*, de Miguel de Cervantes (1977); *El Lazarillo de Tormes*, Anónimo (1977); *La Celestina*, de Fernando de Rojas; *El burlador de Sevilla*, de Tirso de Molina (1977); *La vida es sueño*, de Calderón de la Barca (1977); *Peribáñez y el Comendador de Ocaña*, de Lope de Vega (1977); *La verdad sospechosa*, de Juan Ruiz de Alarcón (1977); *Poema del Cid*, Anónimo (1977); *Don Quijote de la Mancha*, de Miguel de Cervantes (2002), entre otras.

Poeta y narradora, su obra poética comprende *La cara de la guerra* (Madrid, 1972), *Poemas del 42* (Madrid, 1989), *Cuaderno de La Habana* (Madrid, 2005) y *Obra poética* casi *completa* (Miami, 2013). También tiene publicada la novela *En la boca del lobo* (Madrid, 2004: Premio de Novela Villanueva del Pardillo). Próximamente aparecerá publicado su poemario *El silencio y la furia*, en Miami.

ÍNDICE

ADENDA